Impressum
Verlag: BABADADA GmbH, Nedderfeld 112 , 22529 Hamburg
Geschäftsführer / Verlagsleitung: Harald Hof
Druck: Books on Demand GmbH, In de Tarpen 42, 22848 Norderstedt

Imprint
Publisher: BABADADA GmbH, Nedderfeld 112 , 22529 Hamburg, Germany
Managing Director / Publishing direction: Harald Hof
Print: Books on Demand GmbH, In de Tarpen 42, 22848 Norderstedt, Germany

escola

de School

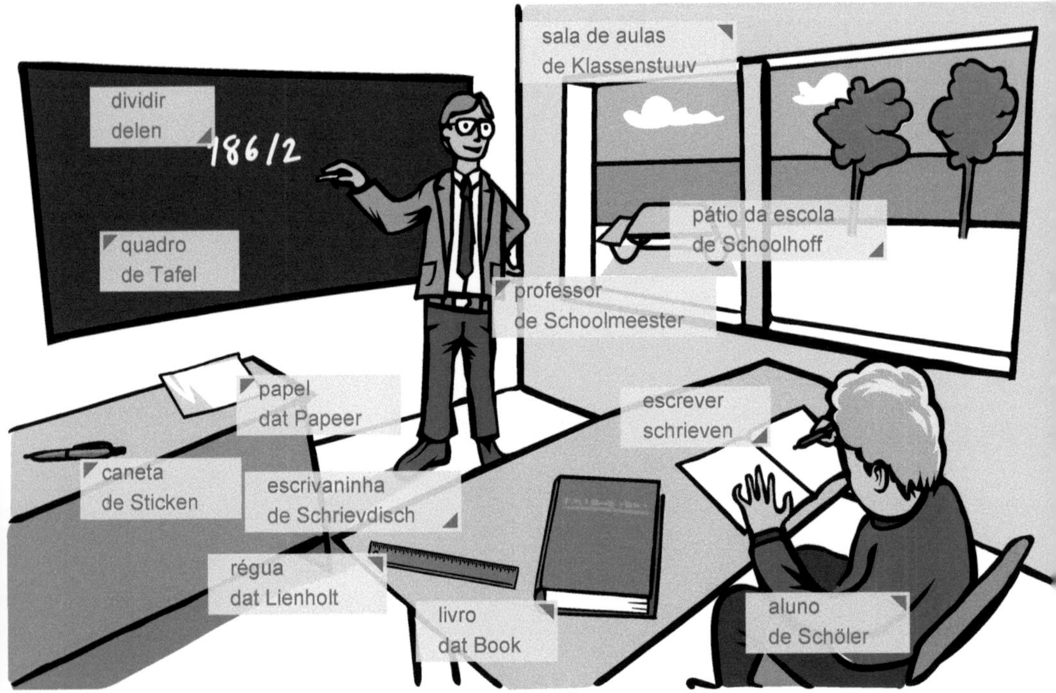

sala de aulas
de Klassenstuuv
dividir
delen
186/2
quadro
de Tafel
pátio da escola
de Schoolhoff
professor
de Schoolmeester
papel
dat Papeer
escrever
schrieven
caneta
de Sticken
escrivaninha
de Schrievdisch
régua
dat Lienholt
livro
dat Book
aluno
de Schöler

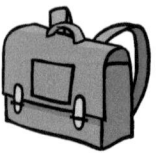

sacola

de Ranzel

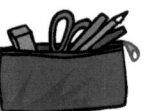

estojo de lápis

de Feddermapp

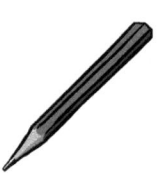

lápis

de Bleesticken

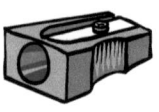

apontador de lápis

de Scharpmaker

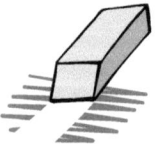

borracha

dat Radeergummi

bloco de desenho

de Tekenblock

desenho

de Teken

pincel

de Pinsel

estojo de tintas

de Malkassen

tesoura

de Scheer

cola

de Klever

livro de exercícios

dat Heft to'n Öven

lição de casa

de Huusopgaav

número

de Tall

somar

tohooptellen

subtrair

aftrecken

multiplicar

malnehmen

calcular

reken

letra

de Bookstaav

alfabeto

dat ABC

palavra

dat Woort

texto

de Text

ler

lesen

giz

de Kried

hora

de Stunn

registro da classe

dat Klassenbook

exame

de Pröven

certificado

dat Tüügnis

uniforme escolar

de Schooluniform

educação

de Utbillen

enciclopédia

dat Nakieksel

universidade

de Universität

microscópio

dat Mikroskop

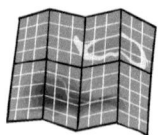

mapa

de Koort

cesto de lixo

de Papeerkorf

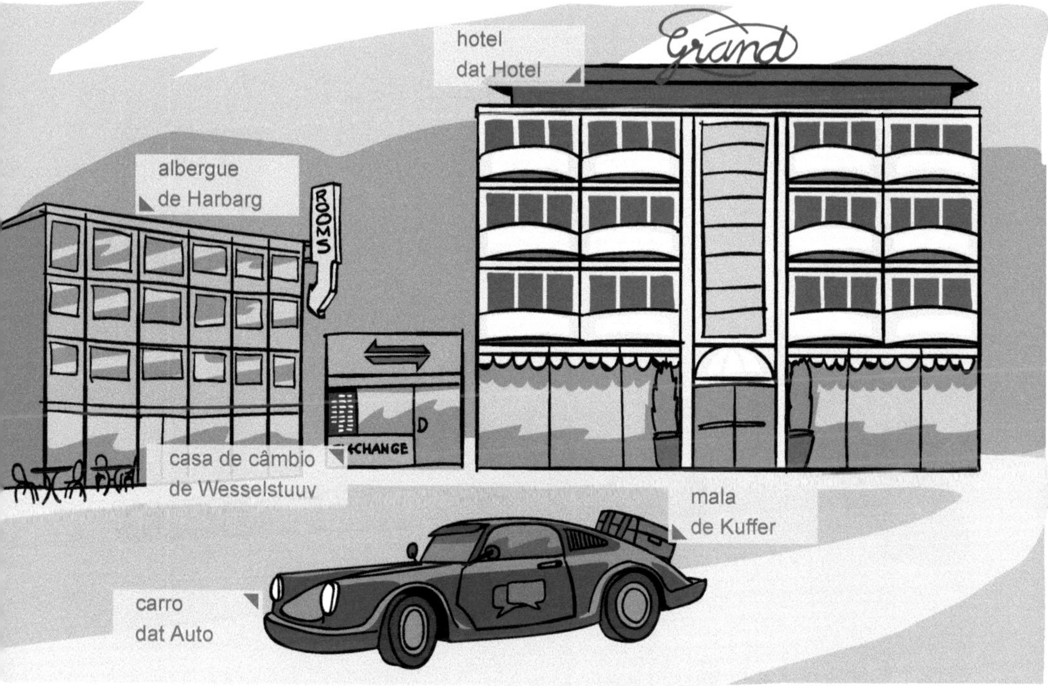

hotel
dat Hotel
Grand
albergue
de Harbarg
ROOMS
casa de câmbio
de Wesselstuuv
EXCHANGE
mala
de Kuffer
carro
dat Auto

idioma

de Spraak

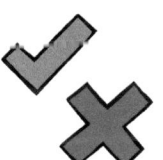

sim / não

jo / ne

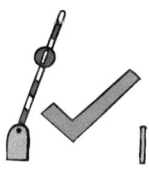

ok

Jo

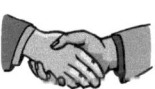

Olá

Moin

tradutor

de Översetter

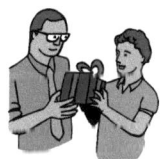

obrigado

Dank ok

quanto custa...?

Wat kost...?

eu não entendo

Ik verstah nich

problema

dat Problem

boa noite!

Goden Avend

Bom dia!

Moin!

Boa noite!

Gode Nacht!

até logo

Tschüüs

direção

de Richt

bagagem

de Bagaasch

bolsa

de Tasch

mochila

de Rüchsack

convidado

de Gast

quarto

de Stuuv

saco de dormir

de Slaapsack

barraca

dat Telt

informação turística

de Touristeninformatschoon

praia

de Strand

cartão de crédito

de Kreditkoort

café da manhã

dat Fröhstück

almoço

dat Meddageten

jantar

dat Avendeten

bilhete

de Fohrkort

elevador

de Fohrstohl

selo

de Breefmark

fronteira

de Grenz

alfândega

de Toll

embaixada

de Bottschop

visto

dat Visum

passaporte

de Pass

transporte
de Transport

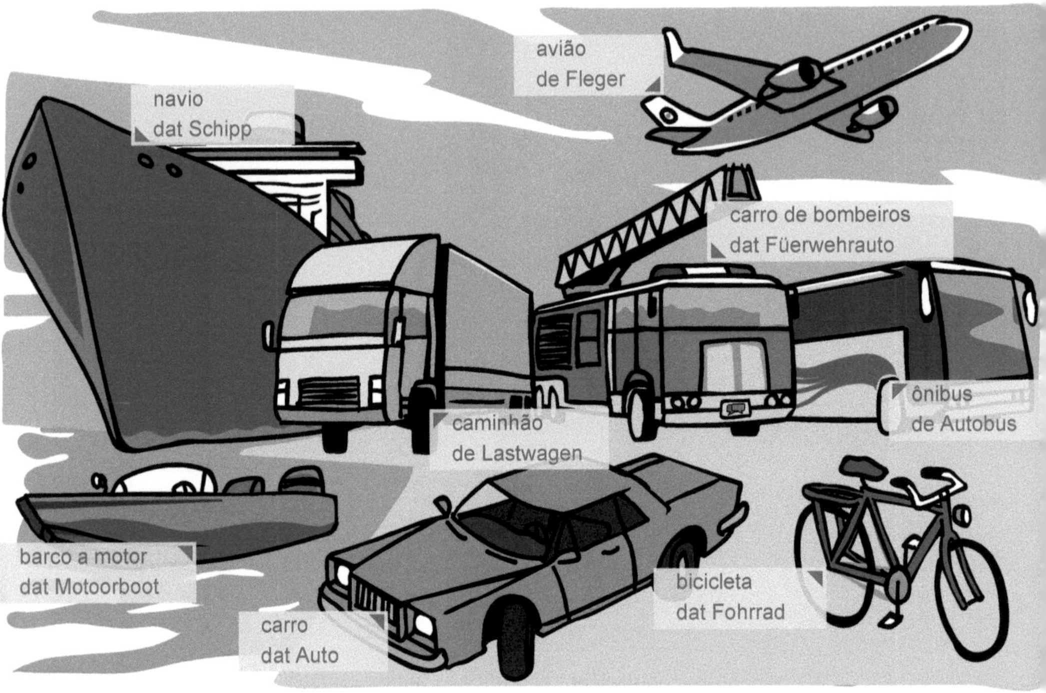
avião
de Fleger
navio
dat Schipp
carro de bombeiros
dat Füerwehrauto
ônibus
de Autobus
caminhão
de Lastwagen
barco a motor
dat Motoorboot
bicicleta
dat Fohrrad
carro
dat Auto

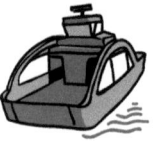

balsa

de Fähr

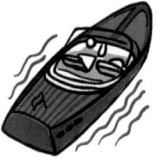

barco

dat Boot

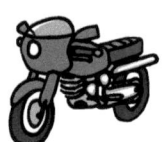

motocicleta

dat Motoorrad

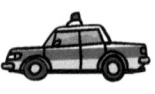

veículo policial

dat Polizeiauto

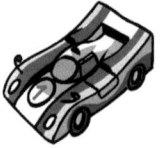

carro de corrida

dat Rönnauto

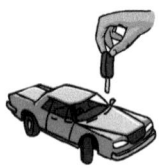

carro de aluguel

de Lehnwagen

compartilhamento de
automóvel
dat Carsharing

caminhão de reboque
de Afsleepwagen

caminhão de lixo
dat Müllauto

motor
de Motoor

combustível
de Kraftstoff

posto de gasolina
de Tanksteed

placa de trânsito
dat Verkehrsschild

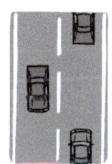

trânsito
de Verkehr

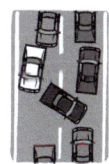

trânsito lento
de Stau

estacionamento
de Afstellplatz

estação de trem
de Bahnhoff

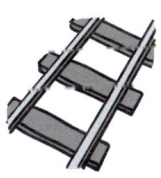

trilhos
de Sporen

trem
de Tog

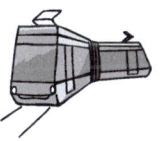

bonde
de Stratenbahn

vagão
de Wagon

helicóptero

de Dwarsmöhl

aeroporto

de Flooghaven

torre

de Tower

passageiro

de Fohrgast

contêiner

de Grootkist

cartolina

de Karton

carroça

de Koor

cesto

de Korf

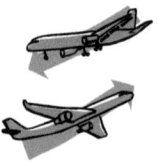

decolar / pousar

starten / lannen

cidade
de Stadt

vilarejo

dat Dörp

centro da cidade

de Binnenstadt

casa

dat Huus

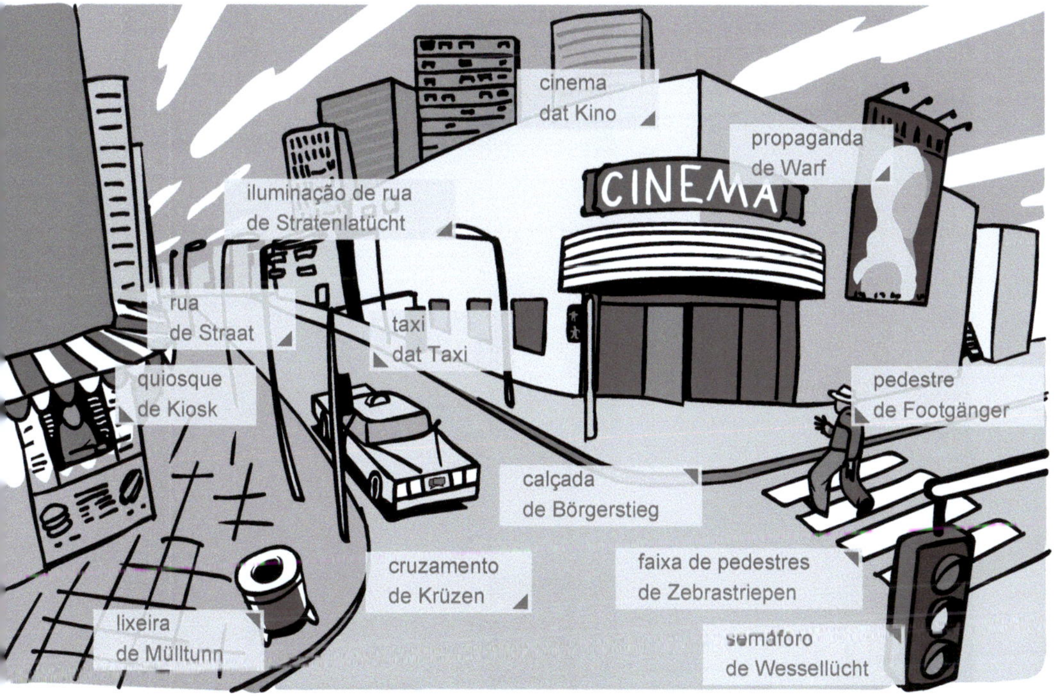

cinema
dat Kino
propaganda
de Warf
CINEMA
iluminação de rua
de Stratenlatücht
rua
de Straat
taxi
dat Taxi
quiosque
de Kiosk
pedestre
de Footgänger
calçada
de Börgerstieg
cruzamento
de Krüzen
faixa de pedestres
de Zebrastriepen
lixeira
de Mülltunn
semáforo
de Wessellücht

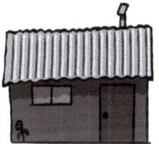

cabana
de Hütt

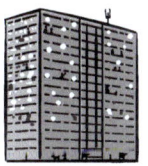

apartamento
de Wahnung

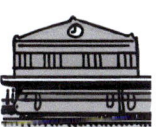

estação de trem
de Bahnhoff

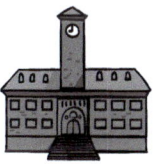

prefeitura
dat Raathuus

MUSEUM
museu
dat Museum

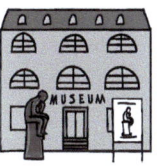

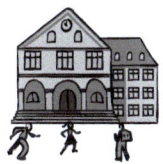

escola
de School

universidade
de Universität

banco
de Bank

hospital
dat Krankenhuus

hotel
dat Hotel

farmácia
de Afteek

escritório
dat Büro

livraria
de Bookhökerie

loja
de Hökerie

floricultura
de Blomenhökerie

supermercado
de Supermarkt

mercado
de Markt

loja de departamentos
dat Koophuus

peixaria
de Fischhökerie

centro comercial
dat Inkoopszentrum

porto
de Haven

parque

de Parkanlaag

banco

de Bank

ponte

de Brüch

escadas

de Trepp

metrô

de Ünnergrundbahn

túnel

de Tunnel

ponto de ônibus

de Busstoppsteed

bar

de Bar

restaurante

dat Spieslokal

caixa de correspondência

de Breefkassen

placa de rua

dat Stratenschild

parquímetro

de Parkklock

zoológico

de Deertenpark

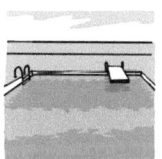

piscina

de Baadanstalt

mesquita

de Moschee

fazenda
de Buernhoff

poluição
de Ümweltversmudden

cemitério
de Karkhoff

igreja
de Kark

parquinho
de Speelplatz

templo
de Tempel

paisagem
de Landschop

folha
dat Blatt

placa de sinalização
de Wiespahl

caminho
de Weg

gramado
de Wisch

pedra
de Steen

árvore
de Boom

caminhantes
de Wannerer

rio
de Fluss

grama
dat Gras

flor
de Bloom

vale
dat Daal

montanha
de Barg

lago
de See

floresta
dat Holt

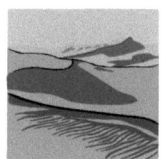

deserto
de Wööst

vulcão
de Füerspien Barg

castelo
dat Slott

arco-íris
de Regenbagen

cogumelo
de Poggenstohl

palmeira
de Palm

mosquito
de Steekmück

mosca
de Fleeg

formiga
de Miegeemk

abelha
de Imm

aranha
de Spinn

besouro

de Sebber

sapo

de Pogg

esquilo

de Katteker

ouriço

de Swienegel

lebre

de Haas

coruja

de Uul

pássaro

de Vagel

cisne

de Swaan

javali

dat Wildswien

veado

de Hirsch

alce

de Elk

barragem

de Staudamm

aerogerador

dat Windrad

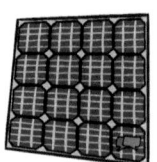

painel solar

dat Solarmodul

clima

dat Klima

restaurante
dat Spieslokal

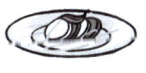

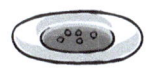

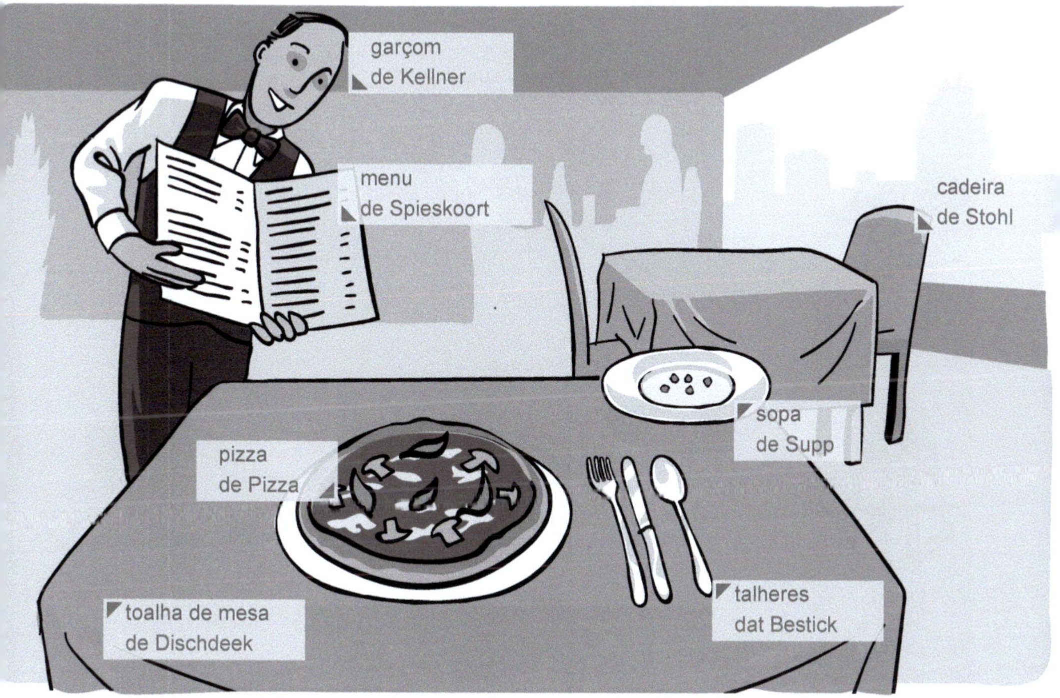
garçom
de Kellner
menu
de Spieskoort
cadeira
de Stohl
sopa
de Supp
pizza
de Pizza
toalha de mesa
de Dischdeek
talheres
dat Bestick

entrada

de Vörspies

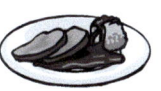

prato principal

dat Haupteten

sobremesa

de Nadisch

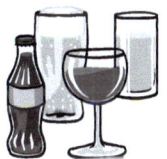

bebidas

de Drünk

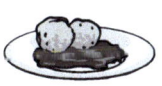

comida

dat Eten

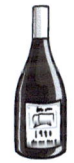

garrafa

de Buddel

fastfood

dat Fastfood

comida de rua

dat Strateneten

bule de chá

de Teekann

açucareiro

de Zuckerdoos

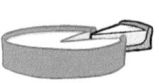

porção

de Portschoon

máquina de expresso

de Espressomaschien

cadeirão

de Hoochstohl

conta

de Reken

bandeja

dat Tablett

faca

dat Mess

garfo

de Gavel

colher

de Lepel

colher de chá

de Teelepel

guardanapo

dat Munddook

copo

dat Glas

restaurante - dat Spieslokal

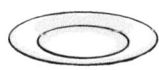

prato
de Töller

prato de sopa
de Suppentöller

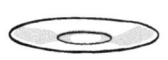

pires
de Ünnertass

molho
de Sooß

saleiro
de Soltstreuer

moedor de pimenta
de Pepermöhl

vinagre
de Etig

óleo
dat Ööl

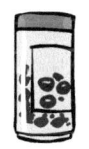

especiarias
de Krüder

ketchup
de Ketchup

mostarda
de Mostrich

maionese
de Mayonnaise

supermercado
de Supermarkt

oferta especial
dat Anbott
FOR
cliente
de Kunn
laticínios
de Melkprodukten
frutas
dat Aaft
carrinho de compras
de Inkoopswagen

BUTCHERS

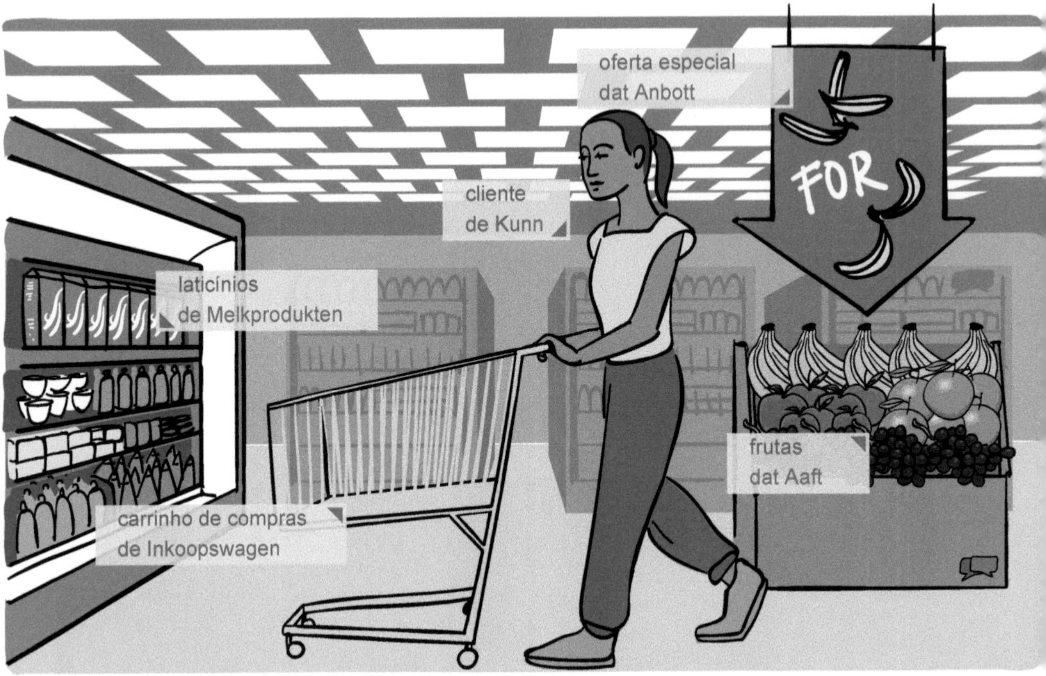

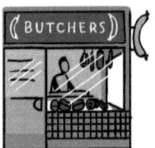

açougue

de Slachterie

BAKERY

padaria

de Bäckerie

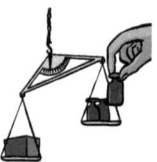

pesar

wegen

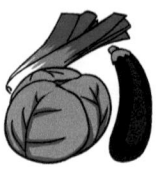

legumes

de Gröönsaken

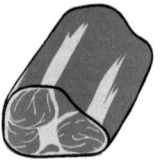

carne

dat Fleesch

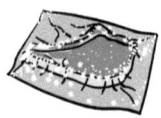

congelados

de Deepköhlkost

charcutaria

de Opsnitt

conservas

de Konserven

detergente em pó

de Waschmiddel

doces

de Snoopkraam

artigos domésticos

de Huushooltssaken

produtos de limpeza

de Reinmaaktüüch

vendedora

de Verköpersche

caixa

de Kass

caixa

de Kasserer

lista de compras

de Inkoopslist

horário de funcionamento

de Opsparrtieden

carteira

de Breeftasch

cartão de crédito

de Kreditkoort

sacola

de Tasch

saco plástico

de Plastiktüüt

supermercado - de Supermarkt

água

dat Water

suco

de Saft

leite

de Melk

coca-cola

de Cola

vinho

de Wien

cerveja

dat Beer

álcool

de Spriet

cacau

de Kakao

chá

de Tee

café

de Koffie

expresso

de Espresso

cappuccino

de Cappucino

banana

de Banaan

maçã

de Appel

laranja

de Appelsien

melão

de Meloon

limão

de Zitroon

cenoura

de Wöttel

alho

de Knuuvlook

bambu

de Bambus

cebola

de Zibbel

cogumelo

de Poggenstohl

nozes

de Nööt

macarrão

de Nudeln

espaguete

de Spaghetti

arroz

de Ries

salada

de Salat

batatas fritas

de Pommes frites

batatas frias

de Braadkantüffeln

pizza

de Pizza

hambúrger

de Hamborger

sanduíche

dat Sandwich

escalope

dat Snitzel

presunto

de Schinken

salame

de Salami

salsicha

de Wust

galinha

dat Hohn

assado

de Braden

peixe

de Fisch

comida - dat Eten

flocos de aveia

de Haverflocken

granola

dat Müsli

flocos de milho

de Cornflakes

farinha

dat Mehl

croissant

de Croissant

pãozinho

dat Rundstück

pão

dat Broot

torrada

dat Toast

biscoitos

de Keksen

manteiga

de Botter

requeijão

de Quark

bolo

de Koken

ovo

dat Ei

ovo frito

dat Spegelei

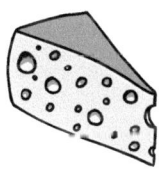

queijo

de Kees

sorvete

de Ies

açúcar

de Zucker

mel

de Honnig

geleia

de Marmelaad

creme de avelãs

de Nougat-Creme

curry

dat Curry

fazenda
de Buernhoff

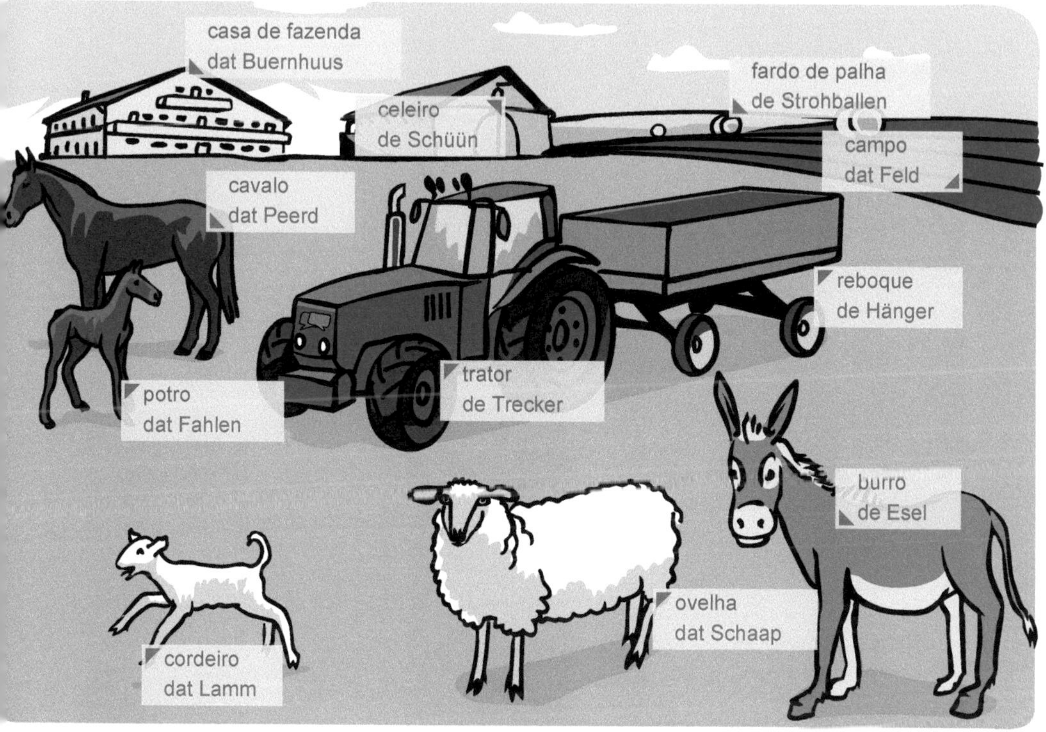
casa de fazenda
dat Buernhuus
celeiro
de Schüün
fardo de palha
de Strohballen
campo
dat Feld
cavalo
dat Peerd
reboque
de Hänger
trator
de Trecker
potro
dat Fahlen
burro
de Esel
ovelha
dat Schaap
cordeiro
dat Lamm

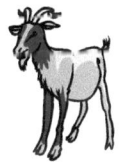

cabra
de Zeeg

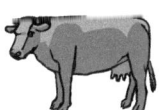

vaca
de Koh

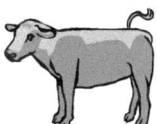

bezerro
dat Kalf

porco
dat Swien

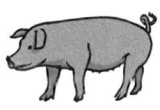

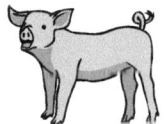

leitão
dat Farken

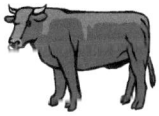

touro
de Bull

ganso

de Goos

pato

de Aant

pintinho

dat Küken

galinha

dat Hohn

galo

de Hahn

ratazana

de Rott

gato

de Katt

camundongo

de Muus

boi

de Oss

cachorro

de Hund

casinha do cachorro

de Hunnenhütt

mangueira de jardim

de Goornslauch

regador

de Geetkann

foice

de Lee

arado

de Ploog

foice

de Sich

enxada

de Hack

forquilha

de Mestfork

machado

de Ext

carrinho de mão

de Schuufkoor

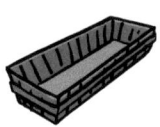

manjedoura

de Trog

jarra de leite

de Melkkann

saco

de Sack

cerca

de Tuun

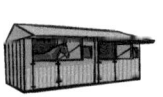

estábulo

de Stall

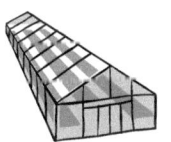

estufa

dat Drievhuus

solo

de Bodden

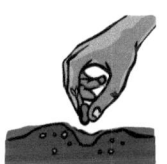

semente

de Saal

fertilizante

de Dünger

colheitadeira

de Meihdöscher

colher
oornen

colheita
de Oorn

inhame
de Yamswöttel

trigo
de Weten

soja
dat Soja

batata
de Kantüffel

milho
de Törksche Weten

colza
de Rapp

árvore frutífera
de Aaftboom

mandioca
de Troopsch Kantüffel

cereais
dat Koorn

casa
dat Huus

chaminé
de Schosteen
telhado
dat Dack
calhas de chuva
de Regenrönn
janela
dat Finster
garagem
de Garaasch
campainha da porta
de Döörklock
porta
de Döör
lata de lixo
de Müllemmer
caixa de correspondência
de Breefkassen
jardim
de Goorn

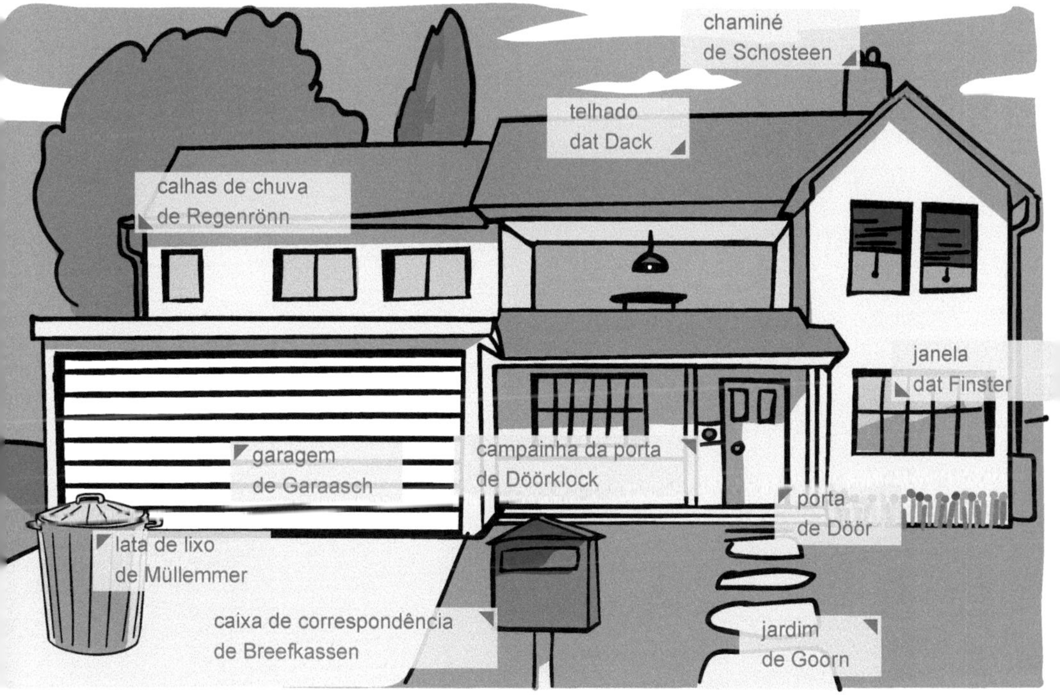

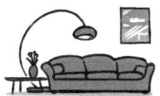

sala de estar

de Wahnstuuv

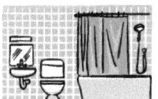

banheiro

de Baadstuuv

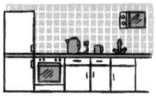

cozinha

de Köök

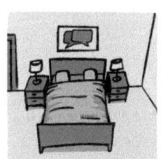

quarto de dormir

de Slaapstuuv

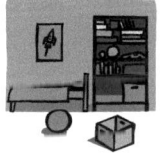

quarto de criança

de Kinnerstuuv

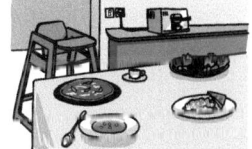

sala de jantar

de Eetstuuv

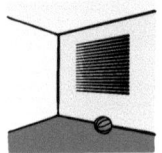

chão
de Footbodden

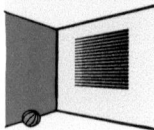

parede
de Wand

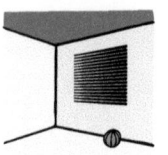

teto
de Deek

porão
de Keller

sauna
dat Hittluftbad

varanda
de Balkon

terraço
de Terrass

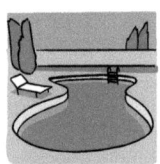

piscina
dat Swümmbad

cortador de grama
de Rasenmeiher

lençol
de Bettbetog

coberta
de Bettdeek

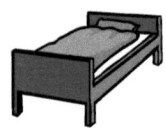

cama
de Puuch

vassoura
de Bessen

balde
de Emmer

interruptor
de Schalter

sala de estar
de Wahnstuuv

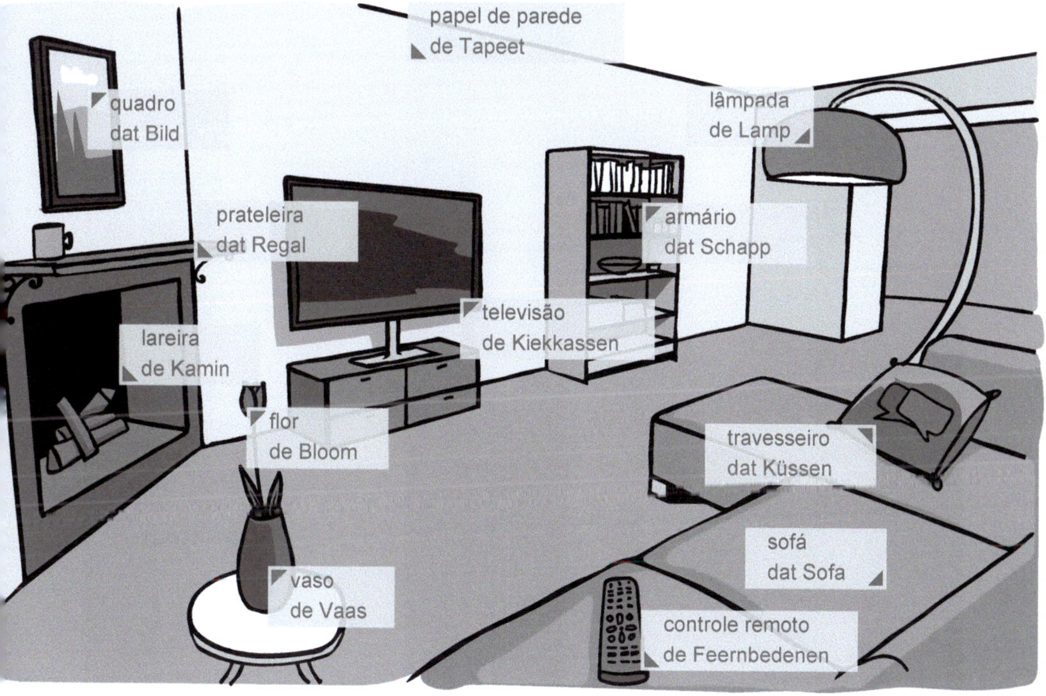
papel de parede
de Tapeet
quadro
dat Bild
lâmpada
de Lamp
prateleira
dat Regal
armário
dat Schapp
televisão
de Kiekkassen
lareira
de Kamin
flor
de Bloom
travesseiro
dat Küssen
sofá
dat Sofa
vaso
de Vaas
controle remoto
de Feernbedenen

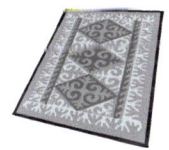

tapete

de Teppich

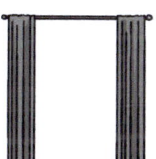

cortina

de Vörhang

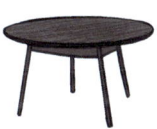

mesa

de Disch

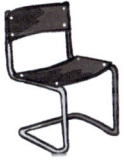

cadeira

de Stohl

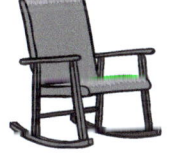

cadeira de balanço

de Schuckelstohl

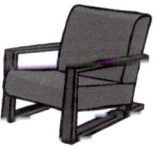

poltrona

de Sessel

livro

dat Book

cobertor

de Deek

decoração

de Dekoratschoon

lenha

dat Füerholt

filme

de Film

equipamento de som

de Stereoanlaag

chave

de Slötel

jornal

dat Narichtenblatt

pintura

dat Gemälde

pôster

dat Poster

rádio

dat Radio

bloco de notas

de Opschrievblock

aspirador

de Huulbessen

cacto

de Kaktus

vela

de Kars

cozinha
de Köök

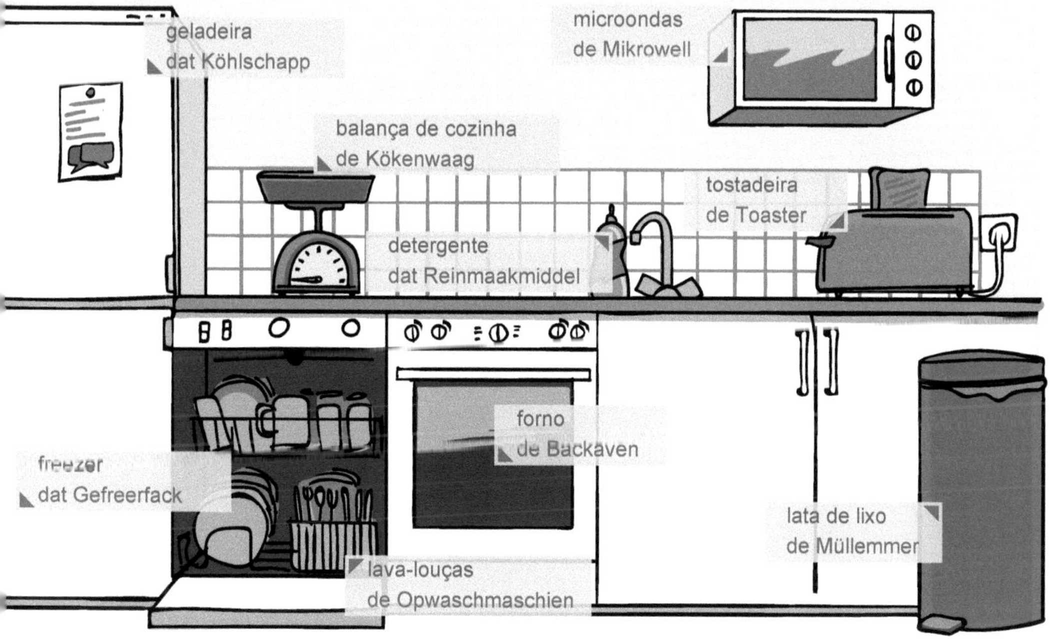
geladeira
dat Köhlschapp
microondas
de Mikrowell
balança de cozinha
de Kökenwaag
tostadeira
de Toaster
detergente
dat Reinmaakmiddel
forno
de Backaven
freezer
dat Gefreerfack
lata de lixo
de Müllemmer
lava-louças
de Opwaschmaschien

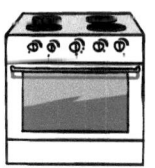

fogão

de Heerd

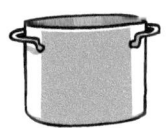

panela

de Pott

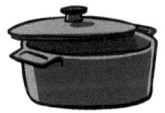

panela de ferro

de Gussiesern Putt

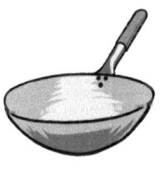

wok / kadai

de Wok / Kadai

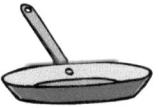

frigideira

de Pann

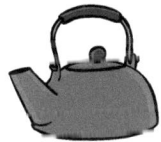

chaleira

de Waterkaker

panela a vapor

de Dampkaakputt

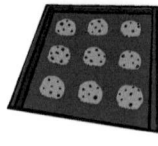

tabuleiro de forno

dat Backblick

louça

dat Geschirr

caneca

de Beker

caçarola

de Schaal

hashi

de Eetsticken

concha de sopa

de Suppenkell

espátula

de Pannenwenner

batedor

de Sneebessen

escorredor

dat Kaakseef

peneira

dat Seef

ralador

de Riev

almofariz

de Mörser

churrasqueira

de Grill

lareira

de Füerstell

tábua de cortar

dat Sniedbrett

rolo da massa

dat Nudelholt

saca-rolhas

de Proppentrecker

lata

de Doos

abridor de latas

de Dosenaapner

pegador de panela

de Pottlappen

pia

dat Waschbecken

escova

de Böst

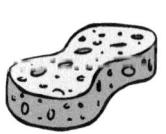

esponja

de Swamm

liquidificador

de Mixer

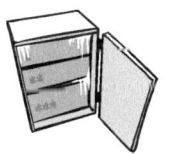

congelador

dat Iesschapp

mamadeira

de Nuckelbuddel

torneira

de Waterhahn

banheiro
de Baadstuuv

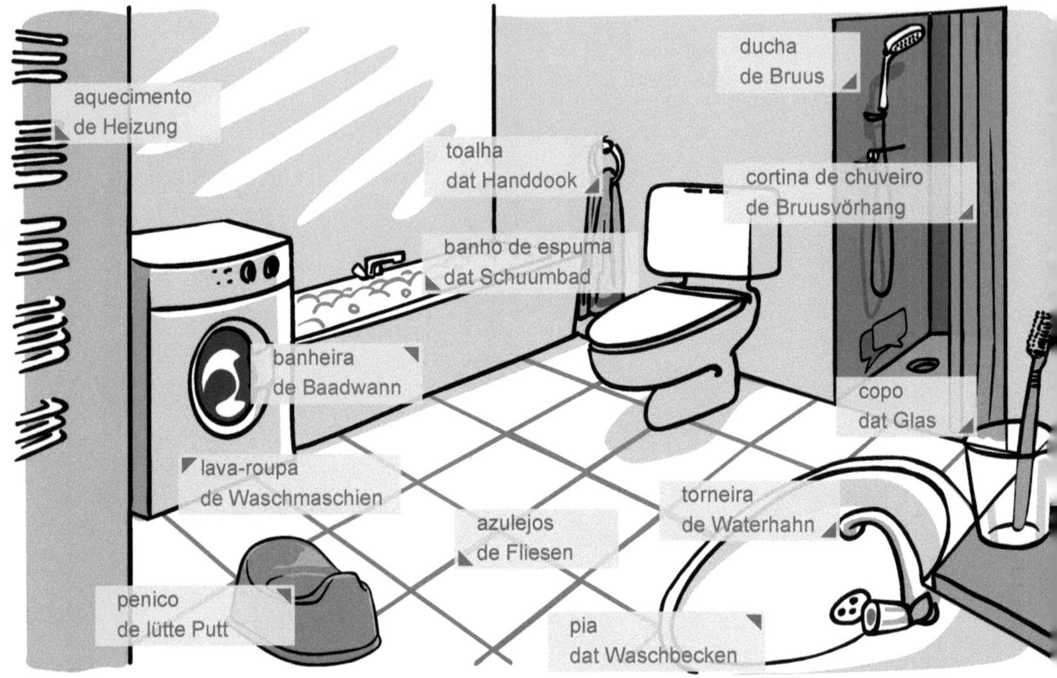

aquecimento
de Heizung

ducha
de Bruus

toalha
dat Handdook

cortina de chuveiro
de Bruusvörhang

banho de espuma
dat Schuumbad

banheira
de Baadwann

copo
dat Glas

lava-roupa
de Waschmaschien

azulejos
de Fliesen

torneira
de Waterhahn

penico
de lütte Putt

pia
dat Waschbecken

vaso sanitário

de Tante Meier

lavabo de agachar

de Hockklo

bidê

dat Bidet

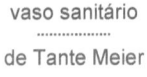

mictório

dat Miegbecken

papel higiênico

dat Klopapeer

escova de privada

de Kloböst

38   banheiro - de Baadstuuv

escova de dentes

de Tähnböst

pasta de dentes

de Tähnpast

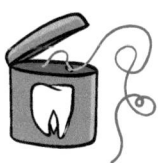
fio dental

de Tähnsied

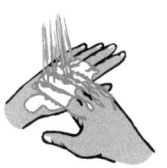
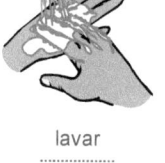
lavar

waschen

ducha de mão

de Handbruus

ducha íntima

de Intimbruus

bacia

de Waschschöttel

escova para as costas

de Rüchböst

sabonete

de Seep

gel de banho

dat Bruusgeel

xampu

dat Hoorwaschmiddel

toalha de rosto

de Waschlappen

escoamento

de Afloop

creme

de Creme

desodorante

dat Deodorant

espelho

de Spegel

espelho de mão

de Kosmetikspegel

barbeador

de Raserer

espuma de barbear

de Raseerschuum

loção pós-barba

dat Raseerwater

pente

de Kamm

escova

de Böst

secador de cabelo

de Hoordröger

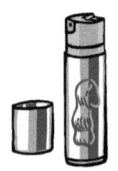

spray de cabelo

dat Hoorspray

maquiagem

de Smink

batom

de Lippensticken

esmalte de unhas

de Nagellack

algodão

de Watt

tesoura para unhas

de Nagelscheer

perfume

dat Rüükwater

nécessaire
de Kulturbüdel

banquinho
de Schemel

balança
de Waag

roupão de banho
de Baadmantel

luvas de borracha
de Gummihanschen

absorvente interno
de Tampon

absorvente íntimo
de Damenbinn

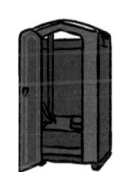

banheiro químico
dat Chemieklo

quarto de criança

de Kinnerstuuv

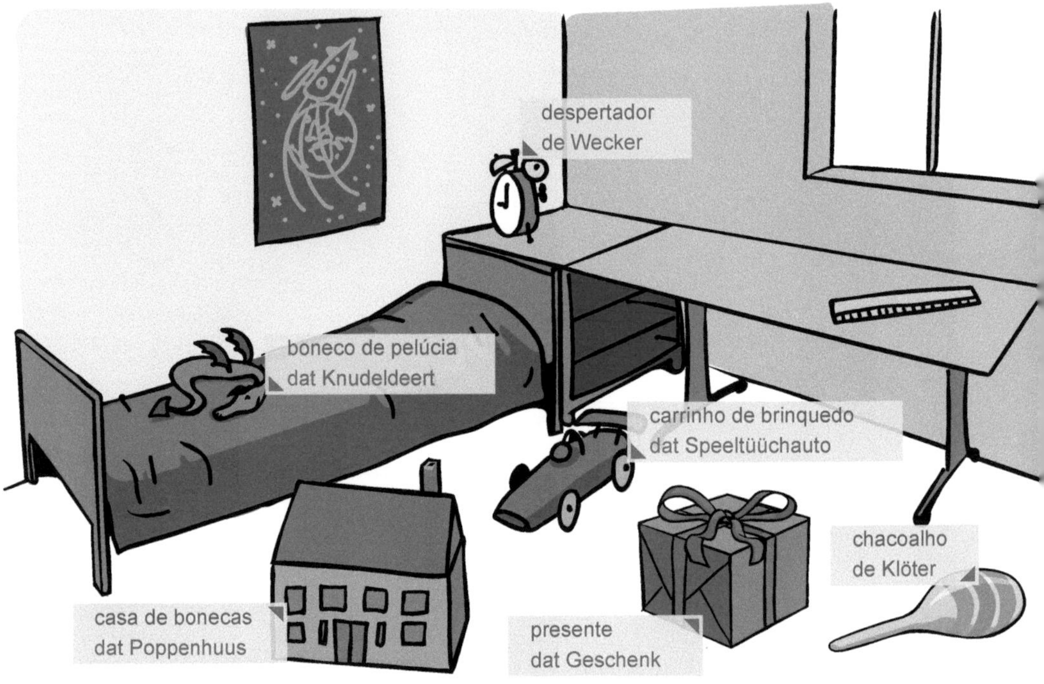
despertador
de Wecker
boneco de pelúcia
dat Knudeldeert
carrinho de brinquedo
dat Speeltüüchauto
chacoalho
de Klöter
casa de bonecas
dat Poppenhuus
presente
dat Geschenk

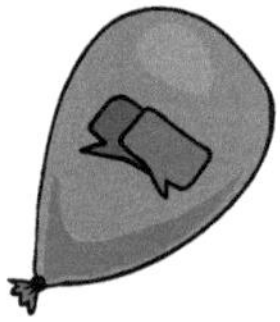

balão

de Luftballon

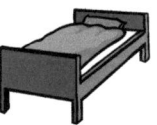

cama

de Puuch

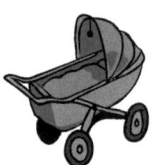

carrinho de bebê

de Kinnerwagen

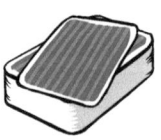

jogo de cartas

dat Koortenspeel

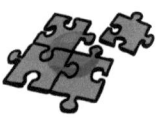

quebra-cabeças

dat Puzzle

SUPER
MEGA

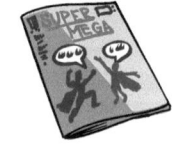

revista de quadrinhos

de Billergeschicht

peças de Lego

de Legostenen

blocos de construção

de Bustenen

figura de ação

de Action-Figur

macaquinho de bebê

de Strampelantog

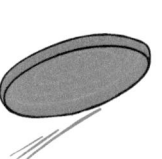

frisbee

de Frisbeeschiev

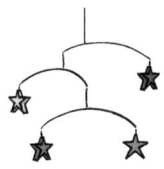

móbile para bebé

dat Mobile

jogo de tabuleiro

dat Brettspeel

dados

de Wörpel

trenzinho elétrico

de Modelliesenbahn

chupeta

de Snuller

festa

de Party

livro ilustrado

dat Billerbook

bola

de Ball

boneça

de Popp

brincar

spelen

caixa de areia
de Sandkassen

balanço
de Schuckel

brinquedos
dat Speeltüüch

videogame
de Speelkonsool

triciclo
dat Dreerad

ursinho de pelúcia
de Teddyboor

guarda-roupa
dat Klederschapp

vestuário
dat Tüüch

meias
de Socken

meias pelo joelho
de Strümp

meias-calças
de Strumpbüx

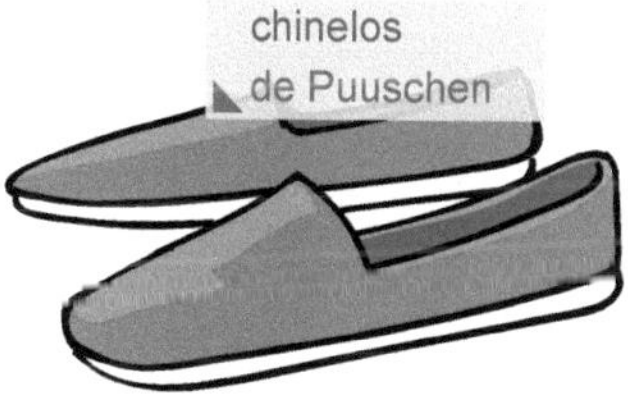

cachecol
dat Halsdook

guarda-chuva
de Paraplü

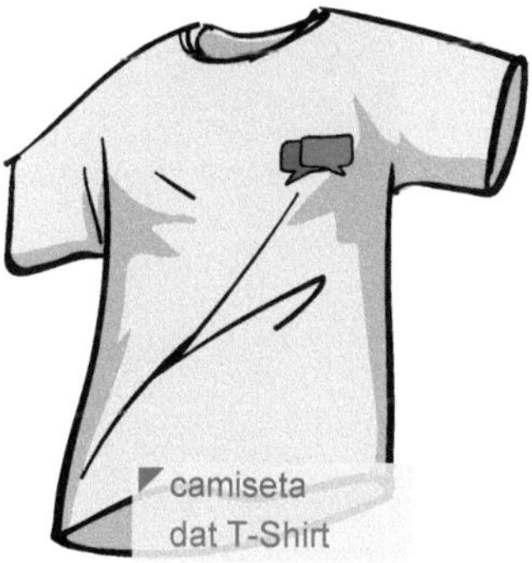

camiseta
dat T-Shirt

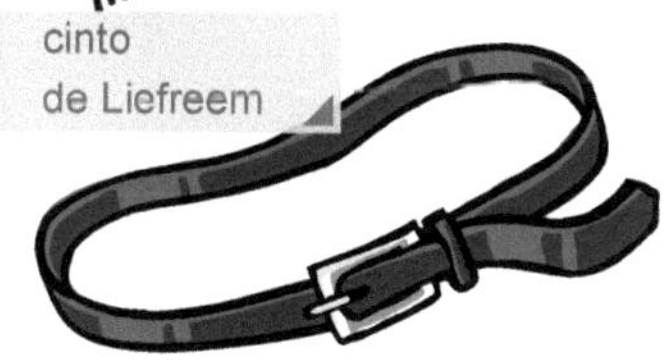

cinto
de Liefreem

botas
de Stevel

chinelos
de Puuschen

tênis
de Turnschoh

sandálias
de Sandalen

sapatos
de Schoh

botas de borracha
de Gummistevel

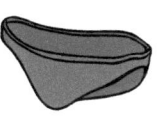

roupa de baixo
de Ünnerbüx

sutiã
de Bostholler

camiseta de baixo
dat Ünnerhemd

body
de Lief

calças
de Büx

jeans
de Jeansnüx

saia
de Rock

blusa
de Bluus

camisa
dat Hemd

pulôver
de Pullover

suéter com capuz
de Kapuzenpullover

blazer
de Blazer

jaqueta
de Jack

casaco
de Mantel

gabardine
de Övertrecker

traje
dat Kostüm

vestido
dat Kleed

vestido de casamento
dat Hochtietskleed

terno

de Antog

camisola

dat Nachtkleed

pijama

de Slaapantog

sari

de Sari

lenço de cabeça

dat Koppdook

turbante

de Turban

burca

de Burka

cafetã

de Kaftan

abaya

de Abaya

maiô

de Baadantog

sunga

de Baadbüx

shorts

de Korte Büx

roupa de treino

de Antog to'n Öven

avental

de Schört

luvas

de Handschoh

botão

de Knopp

óculos

de Brill

pulseira

dat Armband

colar

de Halskeed

anel

de Ring

brinco

de Ohrbummel

boné

de Mütz

cabide

de Klederbögel

chapéu

de Hoot

gravata

de Binner

zíper

de Rietslüter

capacete

de Helm

suspensórios

dat Drachtband

uniforme escolar

de Schooluniform

uniforme

de Uniform

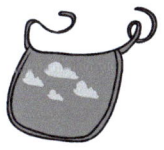

babador
de Severböten

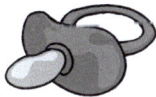

chupeta
de Snuller

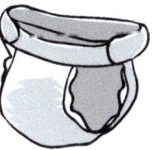

fralda
de Winnel

escritório
dat Büro

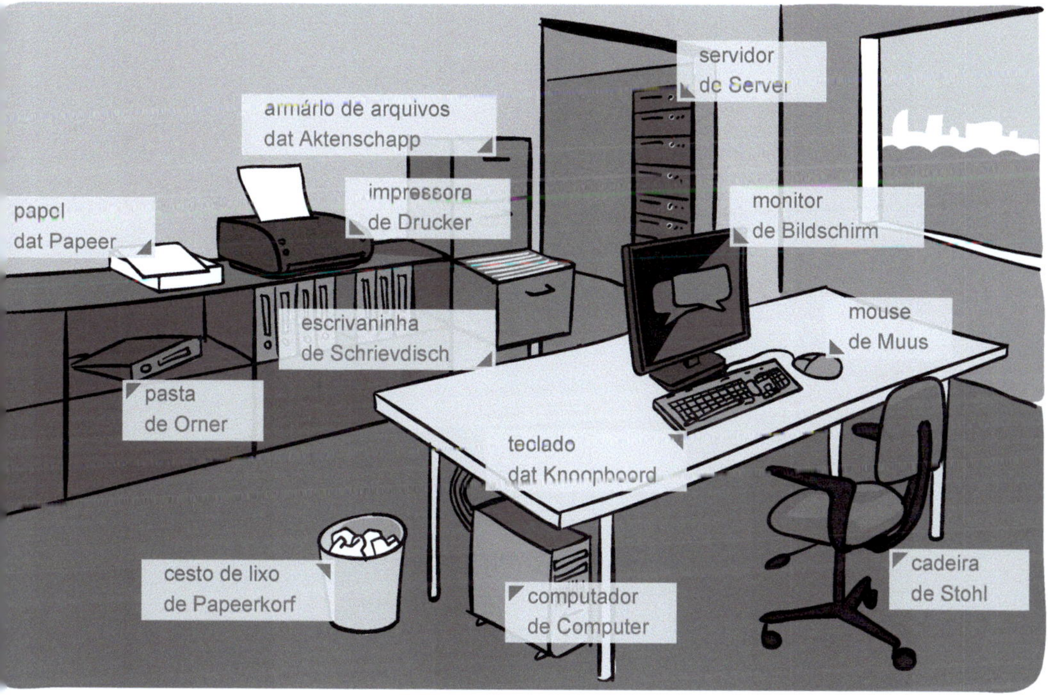
servidor
de Server
armário de arquivos
dat Aktenschapp
impressora
de Drucker
papel
dat Papeer
monitor
de Bildschirm
mouse
de Muus
escrivaninha
de Schrievdisch
pasta
de Orner
teclado
dat Knoopboord
cesto de lixo
de Papeerkorf
computador
de Computer
cadeira
de Stohl

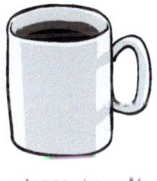

xícara de café
de Koffiebeker

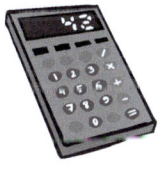

calculadora
de Taschenreekner

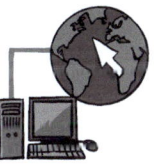

internet
dat Internet

laptop
de Klappreekner

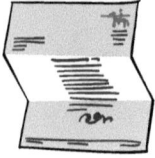

carta
de Breef

mensagem
de Naricht

celular
de Ackersnacker

rede
dat Nettwark

copiadora
de Kopeerapparat

software
de Software

telefone
de Klöönkassen

tomada
de Steekdoos

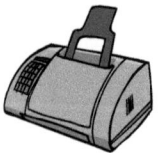

fax
de Faxapparat

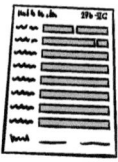

formulário
dat Formulor

documento
dat Dokument

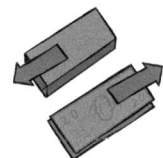

comprar
köpen

pagar
betahlen

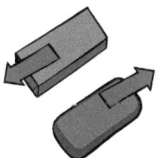

negociar
hanneln

dinheiro
dat Gold

Dólar
de Dollar

Euro
de Euro

Yen
de Yen

rublo
de Ruvel

franco suíço
de Swiezer Franken

renminbi yuan
de Renminbi Yuan

rupia
de Rupie

caixa eletrônico
de Geldautomat

casa de câmbio

de Wesselstuuv

ouro

dat Gold

prata

dat Sülver

petróleo

dat Ööl

energia

de Energie

preço

de Pries

contrato

de Verdrag

imposto

de Stüer

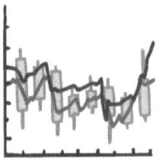

ação

de Andeelschien

trabalhar

arbeiden

empregado

de Anstellte

empregador

de Arbeitgever

fábrica

de Fabrik

loja

de Hökerie

profissões
de Profeschonen

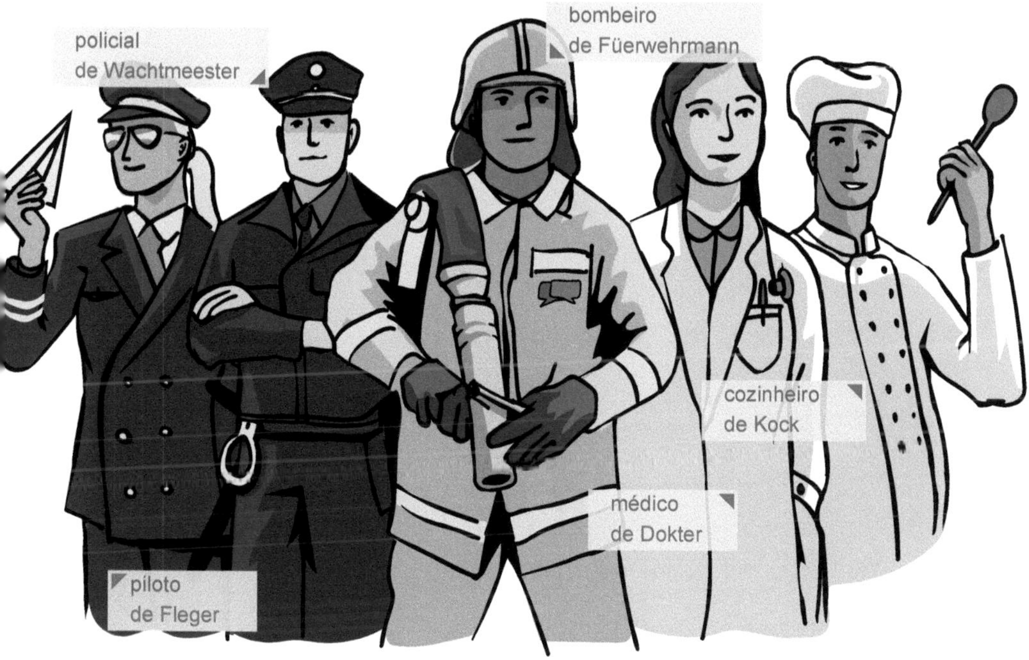
policial
de Wachtmeester
bombeiro
de Füerwehrmann
cozinheiro
de Kock
médico
de Dokter
piloto
de Fleger

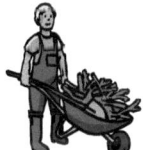

jardineiro

de Goorner

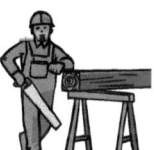

marceneiro

de Discher

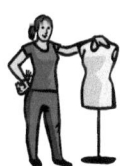

costureira

de Neihersche

juiz

de Richter

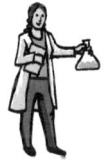

químico

de Chemiker

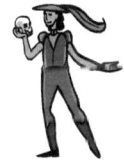

ator

de Schauspeler

motorista de ônibus

de Busfohrer

motorista de táxi

de Taxifohrer

pescador

de Fischer

faxineira

de Reinmaakfru

telhador

de Dackdecker

garçom

de Kellner

caçador

de Jäger

pintor

de Maler

padeiro

de Bäcker

eletricista

de Elektriker

construtor

de Buarbeider

engenheiro

de Ingenieur

açougueiro

de Slachter

encanador

de Klempner

carteiro

de Postbüdel

soldado

de Suldat

arquiteto

de Architekt

caixa

de Kasserer

florista

de Florist

cabelereiro

de Putzbüdel

condutor

de Schaffner

mecânico

de Mechaniker

capitão

de Kaptein

dentista

de Tähndokter

cientista

de Wetenschopler

rabino

de Rabbi

imam

de Imam

monge

de Mönk

pastor

de Paap

ferramentas
dat Warktüüch

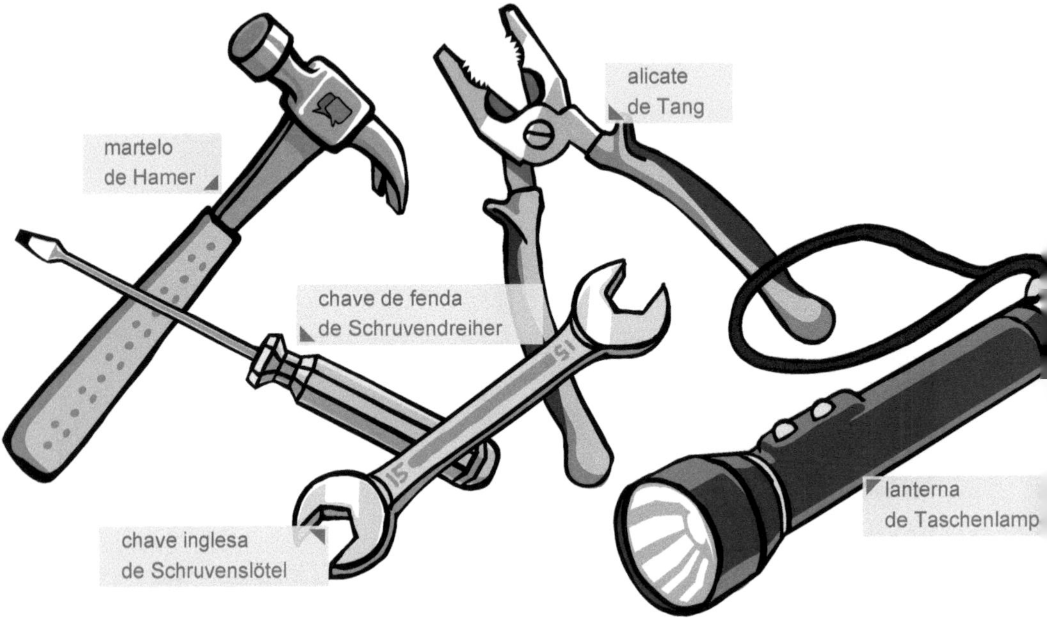

martelo
de Hamer
alicate
de Tang
chave de fenda
de Schruvendreiher
chave inglesa
de Schruvenslötel
lanterna
de Taschenlamp

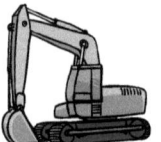

escavadora

de Grieper

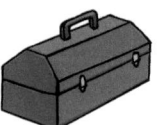

caixa de ferramentas

de Warktüüchkassen

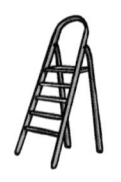

escada de mão

de Ledder

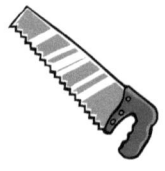

serra

de Saag

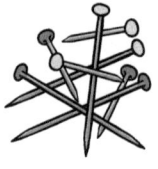

pregos

de Nagels

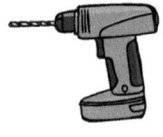

furadeira

de Bohrer

consertar

heelmaken

pá

de Schüffel

Droga!

Schiet!

pá de lixo

dat Kehrblick

pote de tinta

de Farvpott

parafusos

de Schruven

instrumentos musicais
de Musikinstrumenten

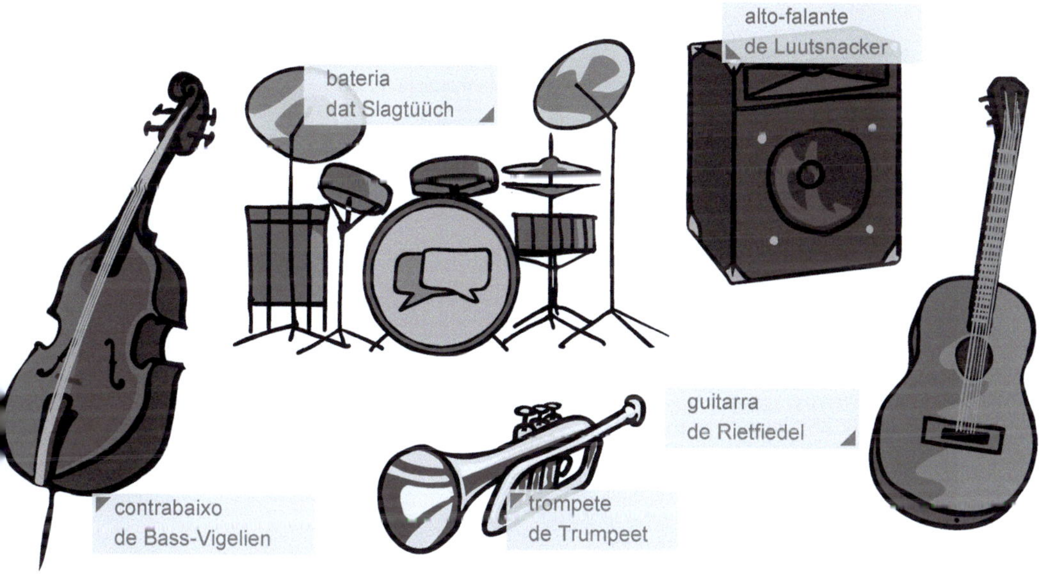

bateria
dat Slagtüüch

alto-falante
de Luutsnacker

guitarra
de Rietfiedel

contrabaixo
de Bass-Vigelien

trompete
de Trumpeet

piano

dat Klaveer

violino

de Vigelien

baixo

de Bass

timbales

de Pauk

tambor

de Trummeln

teclado

dat Keyboard

saxofone

dat Saxophon

flauta

de Fleut

microfone

dat Mikrofoon

instrumentos musicais - de Musikinstrumenten

zoológico
de Deertenpark

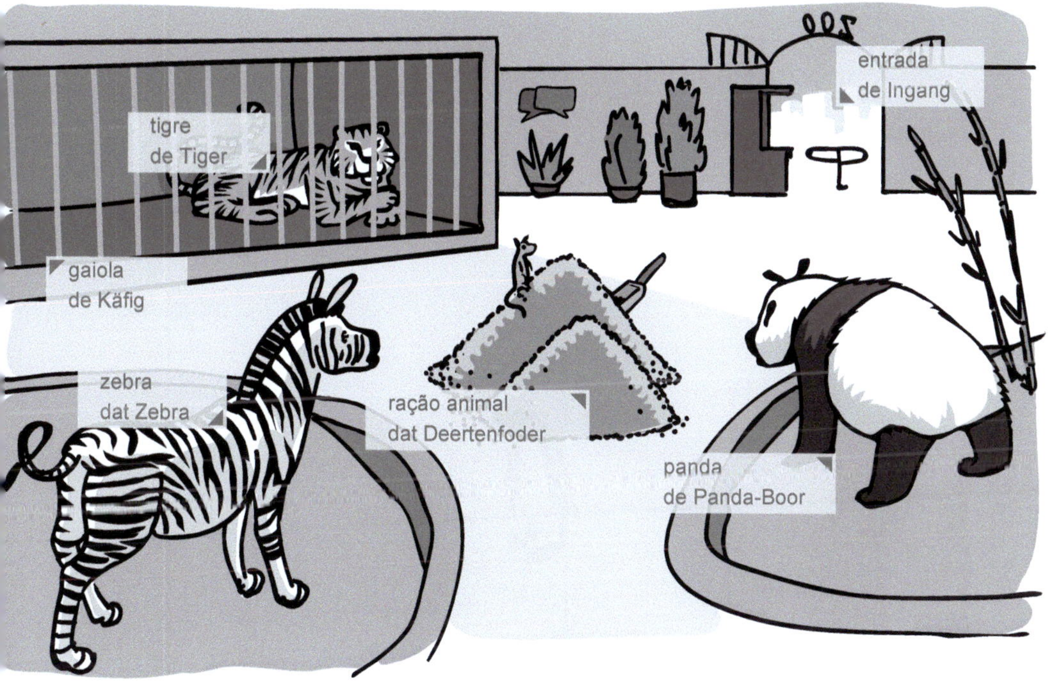
entrada
de Ingang
tigre
de Tiger
gaiola
de Käfig
zebra
dat Zebra
ração animal
dat Deertenfoder
panda
de Panda-Boor

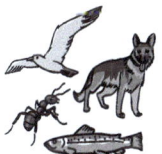

animais

de Deerten

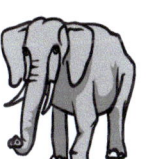

elefante

de Elefant

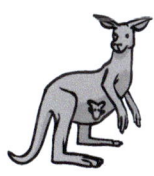

canguru

dat Känguru

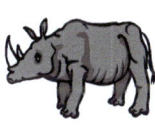

rinoceronte

dat Neeshoorn

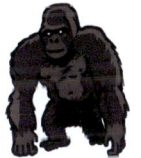

gorila

de Gorilla

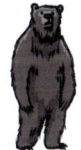

urso

de Boor

camelo

dat Kameel

avestruz

de Struuß

leão

de Lööv

macaco

de Aap

flamingo

de Flamingo

papagaio

de Papagoi

urso polar

de Iesboor

pinguim

de Pinguin

tubarão

de Haifisch

pavão

de Pageluun

cobra

de Slang

crocodilo

dat Krokodil

guarda do zoológico

de Oppasser in'n
Deertenpark

foca

de Saalhund

jaguar

de Jaguor

pônei
dat Pony

leopardo
de Leopard

hipopótamo
dat Nilpeerd

girafa
de Giraff

águia
de Aadler

javali
dat Wildswien

peixe
de Fisch

tartaruga
de Schildkrööt

morsa
dat Walross

raposa
de Voss

gazela
de Gazell

futebol americano
de Amerikaansch Football

ciclismo
dat Radfohren

tênis
dat Tennis

basquete
de Korfball

natação
dat Swümmen

boxe
dat Boxen

hóquei no gelo
dat Ieshockey

futebol
de Football

badminton
dat Fedderball

atletismo
de Leichtathletik

handebol
de Handball

esqui
dat Skilopen

polo
dat Polo

rir
lachen

pular
springen

abraçar
ümarmen

andar
gahn

cantar
singen

sonhar
drömen

rezar
beden

beijar
snuteln

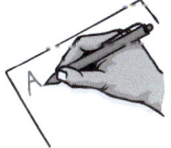

escrever
schrieven

desenhar
teken

mostrar
wiesen

empurrar
drücken

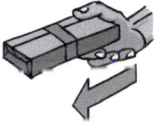

dar
geven

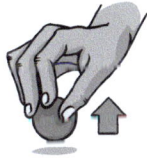

tomar
nehmen

ter
hebben

fazer
doon

ser
sien

ficar de pé
stahn

correr
lopen

puxar
trecken

jogar
smieten

cair
fallen

deitar
liggen

esperar
töven

carregar
dregen

sentar
sitten

vestir
antrecken

dormir
slapen

despertar
opwaken

olhar para

ankieken

chorar

wenen

acariciar

eien

pentear

kämmen

falar

snacken

entender

verstahn

perguntar

fragen

ouvir

hören

beber

drinken

comer

eten

arrumar

oprümen

amar

leefhebben

cozinhar

kaken

dirigir

fohren

voar

flegen

velejar

segeln

calcular

reken

ler

lesen

aprender

lehren

trabalhar

arbeiden

casar

de Plünnen tohoopsmieten

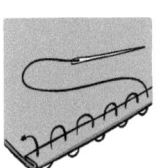

costurar

neihen

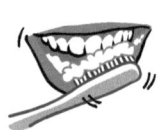

escovar os dentes

Tähnen putzen

matar

dootmaken

fumar

smöken

enviar

schicken

avó
de Grootmoder

avô
de Grootvadder

pai
de Vadder

mãe
de Moder

bebê
dat Winnelkind

filha
de Dochter

filho
de Söhn

convidado

de Gast

tia

de Tant

tio

de Unkel

irmão

de Broder

irmã

de Süster

corpo
de Lief

testa
de Vörkopp
olho
dat Oog
ombro
de Schuller
dedo
de Finger
rosto
dat Gesicht
queixo
dat Kinn
mão
de Hand
perna
dat Been
peito
de Bost
braço
de Arm

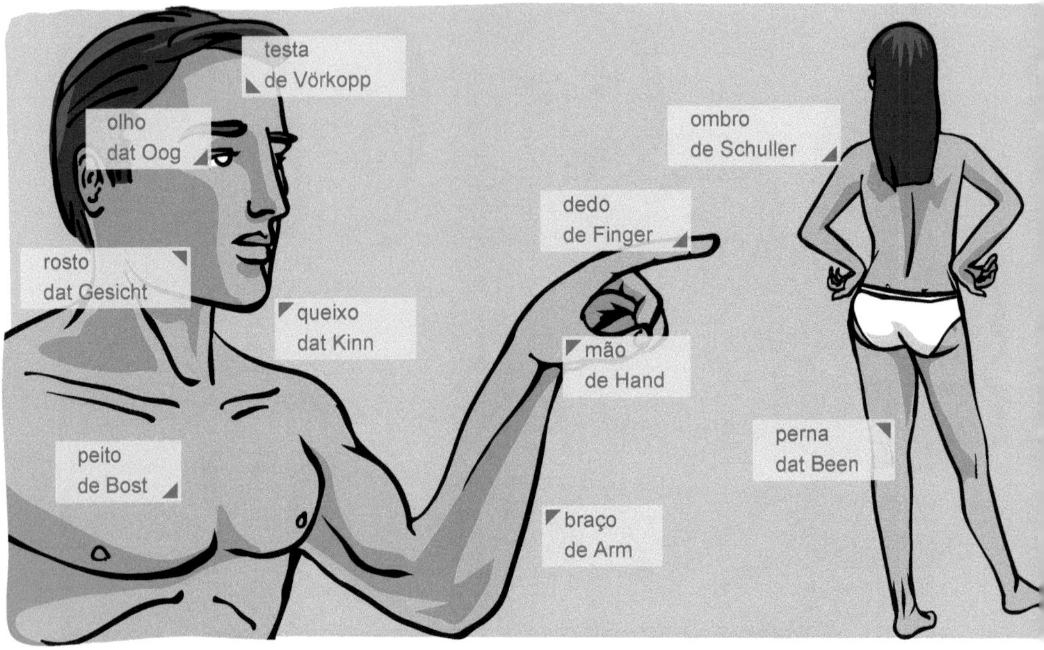

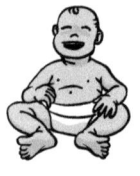

bebê

dat Winnelkind

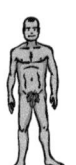

homem

de Mann

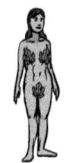

mulher

de Fro

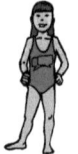

menina

de Deern

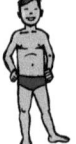

menino

de Jung

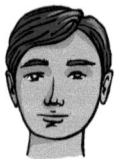

cabeça

de Arm

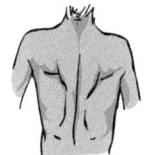

costas

de Rüch

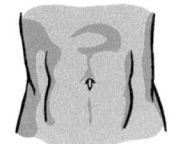

barriga

de Buuk

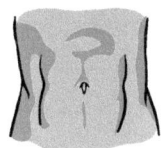

umbigo

de Navel

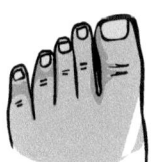

dedo do pé

de Teh

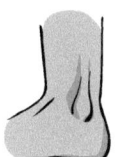

calcanhar

de Hack

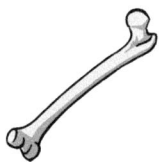

osso

de Knaken

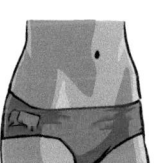

anca

de Hüft

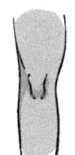

joelho

dat Knee

cotovelo

de Ellbagen

nariz

de Nees

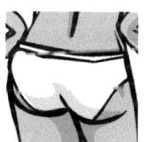

nádegas

de Achtersen

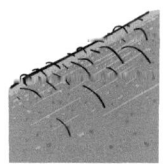

pele

de Huut

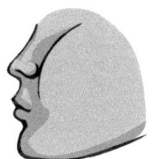

bochecha

de Back

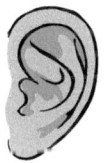

orelha

dat Ohr

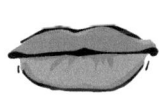

lábio

de Lipp

boca
....
de Mund

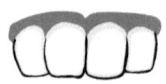

dente
....
de Tähn

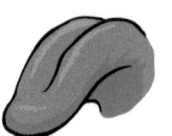

língua
....
de Tung

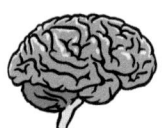

cérebro
....
de Bregen

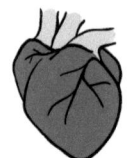

coração
....
dat Hart

músculo
....
de Muskel

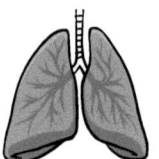

pulmão
....
de Lung

fígado
....
de Lever

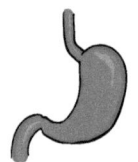

estômago
....
de Maag

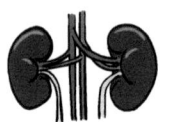

rins
....
de Neren

relações sexuais
....
de Bislaap

preservativo
....
dat Kondoom

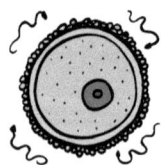

óvulo
....
de Eizell

esperma
....
dat Sperma

gravidez
....
de Anner Ümstänn

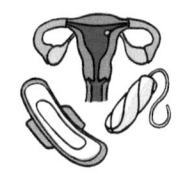

menstruação

de Menstruatschoon

vagina

de Scheed

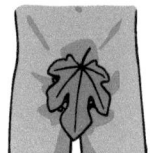

pênis

de Pint

sobrancelha

de Ogenbroe

cabelo

dat Hoor

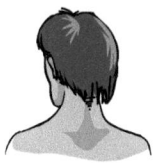

pescoço

de Hals

hospital
dat Krankenhuus

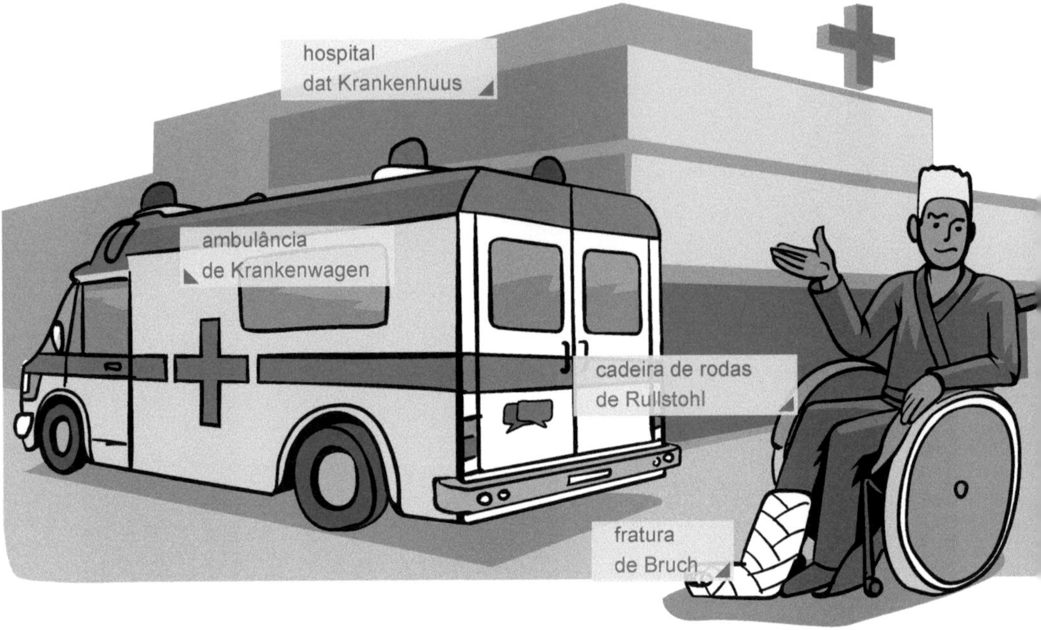

hospital
dat Krankenhuus
ambulância
de Krankenwagen
cadeira de rodas
de Rullstohl
fratura
de Bruch

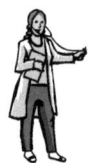

médico

de Dokter

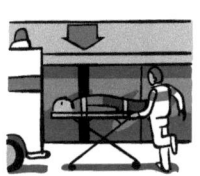

pronto-socorro

de Nootopnahm

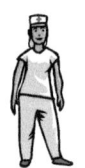

enfermeira

de Krankensüster

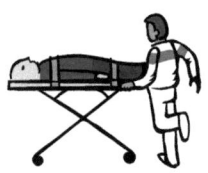

emergência

de Nootfall

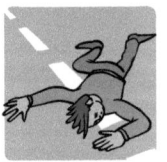

inconsciente

ahnmächtig

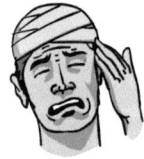

dor

de Wehdaag

ferimento
de Verwunnen

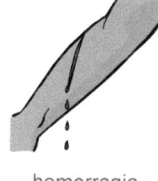

hemorragia
de Blöden

ataque cardíaco
de Hartinfarkt

acidente vacular cerebral
de Slaganfall

alergia
de Allergie

tosse
de Hoosten

febre
dat Fever

gripe
de Gripp

diarreia
de Dörchfall

dor de cabeça
de Koppwehdaag

câncer
de Kreeft

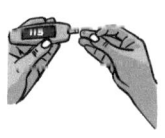

diabetes
de Zuckersüük

cirurgião
de Chirurg

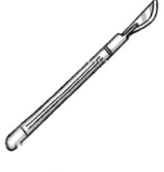

bisturi
dat Chirurgsch Mess

operação
de Operatschoon

CT
dat CT

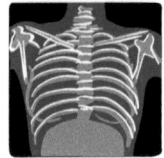

raio x
de Dörchlüchten

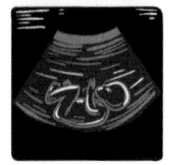

ultrassom
de Ultraschall

máscara
de Mask

doença
de Krankheit

sala de espera
de Töövruum

muleta
de Krück

bandeide
dat Plaaster

ligadura
de Verband

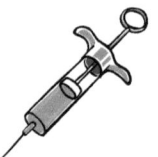

injeção
de Insprütten

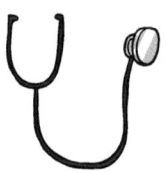

estetoscópio
dat Stethoskop

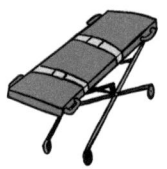

maca
de Draag

termômetro
dat Feverthermometer

nascimento
de Geboort

excesso de peso
dat Övergewicht

aparelho auditivo
....
de Höörapparat

desinfetante
....
dat Kiemfriemiddel

infecção
....
de Ansteken

vírus
....
de Virus

HIV / AIDS
....
dat HIV / AIDS

medicamento
....
dat Heelmiddel

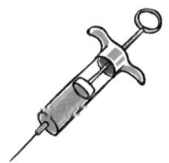

vacinação
....
de Impen

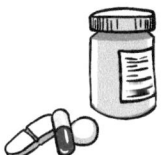

comprimidos
....
de Tabletten

pílula
....
de Pill

chamada de emergência
....
de Nootroop

dispositivo de medição de
pressão arterial
....
de Blootdruck-Meter

doente / saudável
....
krank / gesund

Socorro!

Hölp!

alarme

de Alarm

assalto

de Överfall

ataque

de Angreep

perigo

de Gefohr

saída de emergência

de Nootutgang

Fogo!

dat Füer!

extintor de incêndios

de Füerlöscher

acidente

de Unfall

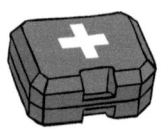

maleta de primeiros socorros

de Noothölpkoffer

SOS

SOS

polícia

de Polizei

Europa

Europa

América do Norte

Noordamerika

América do Sul

Süüdamerika

África

Afrika

Ásia

Asien

Austrália

Australien

Atlântico

de Atlantik

Pacífico

de Pazifik

Oceano Índico

dat Indisch Weltmeer

Oceano Antártico

dat Antarktisch Weltmeer

Oceano Ártico

dat Arktisch Weltmeer

Polo Norte

de Noordpol

Polo Sul

de Süüdpol

Antártica

de Antarktis

Terra

de Eerd

terra

dat Land

mar

de See

ilha

dat Eiland

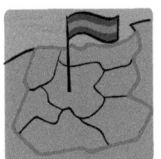

nação

de Natschoon

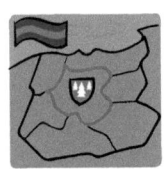

estado

de Staat

mostrador do relógio

dat Tallenblatt

ponteiro das horas

de Stunnenwieser

ponteiro dos minutos

de Minutenwieser

ponteiro dos segundos

de Sekunnenwieser

Que horas são?

Wo laat is dat?

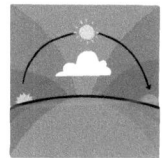

dia

de Dag

tempo

de Tiet

agora

nu

relógio digital

de digetaalsch Klock

minuto

de Minuut

hora

de Stunn

semana
de Week

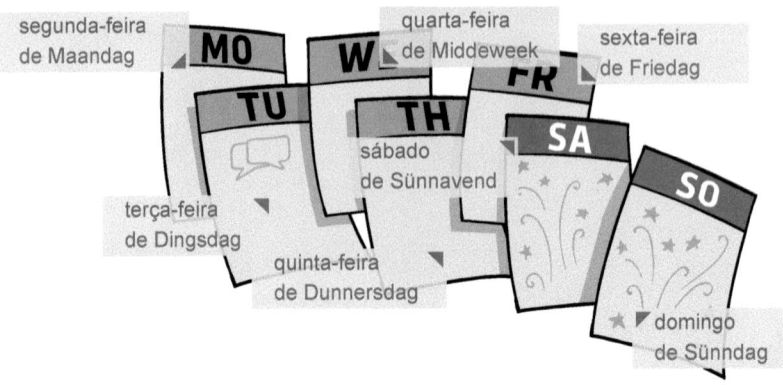

segunda-feira
de Maandag

MO

W quarta-feira
de Middeweek

FR sexta-feira
de Friedag

TU

TH

SA

sábado
de Sünnavend

terça-feira
de Dingsdag

quinta-feira
de Dunnersdag

SO

domingo
de Sünndag

ontem
güstern

hoje
hüüt

amanhã
morgen

manhã
de Morgen

meio-dia
de Meddag

entardecer
de Avend

MO	TU	WE	TH	FR	SA	SU
1	2	3	4	5	6	7
8	9	10	11	12	13	14
15	16	17	18	19	20	21
22	23	24	25	26	27	28
29	30	31	1	2	3	4

dias úteis
de Arbeitsdaag

MO	TU	WE	TH	FR	SA	SU
1	2	3	4	5	6	7
8	9	10	11	12	13	14
15	16	17	18	19	20	21
22	23	24	25	26	27	28
29	30	31	1	2	3	4

fim de semana
dat Wekenenn

ano

dat Johr

chuva
de Regen
arco-íris
de Regenbagen
neve
de Snee
vento
de Wind
primavera
dat Fröhjohr
outono
de Harvst
verão
de Sommer
inverno
de Winter

4.APRIL 11°
5.APRIL 4°
6.APRIL 13°
7.APRIL 8°
8.APRIL 10°

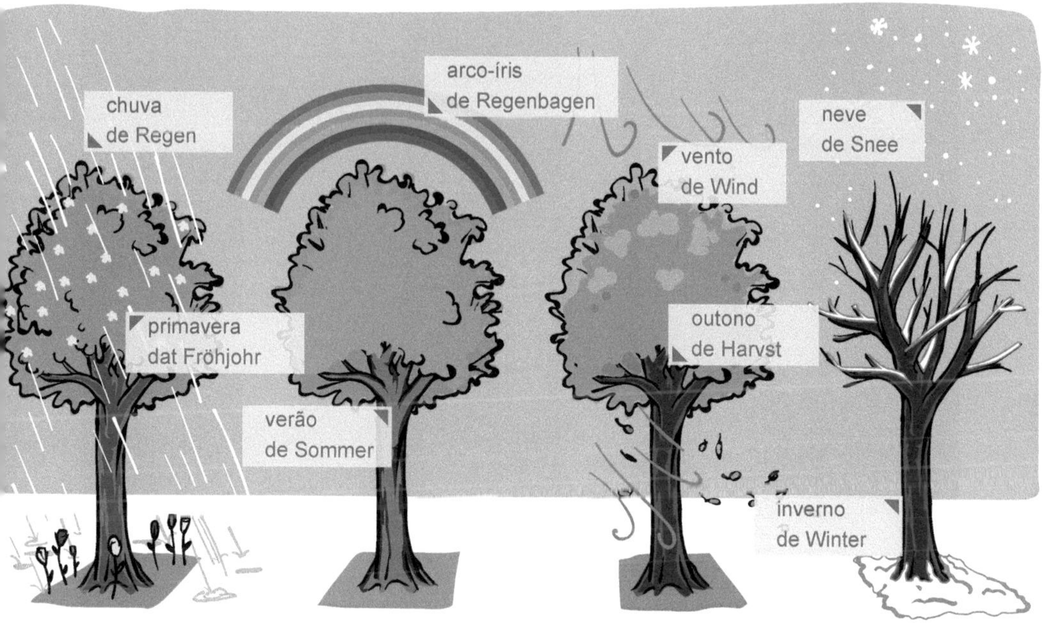

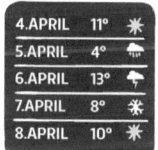

previsão do tempo

de Wedervörhersaag

F C
120 40
90 30
60 20
30 10
0 0
-30 -10
-20

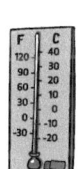

termômetro

dat Thermometer

raio de sol

de Sünnenschien

nuvem

de Wulk

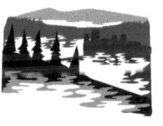

neblina / nevoeiro

de Nevel

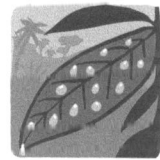

umidade do ar

de Luftfuchtigkeit

relâmpago

de Blitz

trovão

de Dunner

tempestade

de Storm

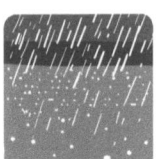

granizo

de Hagel

monção

de Monsun

inundação

de Floot

gelo

dat Ies

janeiro

de Januormaand

fevereiro

de Februormaand

março

de Martmaand

abril

de Aprilmaand

maio

de Maimaand

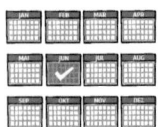

junho

de Junimaand

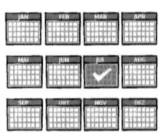

julho

de Julimaand

agosto

de Augustmaand

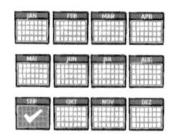

setembro

de Septembermaand

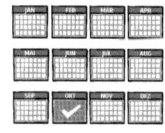

outubro

de Oktobermaand

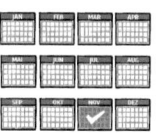

novembro

de Novembermaand

dezembro

de Dezembermaand

formas
de Formen

círculo

de Krink

quadrado

dat Quadrat

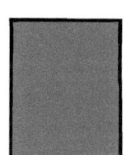

retângulo

dat Rechteck

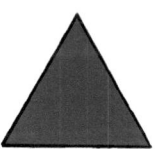

triângulo

dat Dreeeck

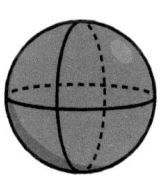

esfera

de Kugel

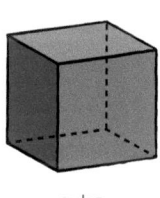

cubo

de Wörpel

branco
....
witt

amarelo
....
geel

laranja
....
orangsch

rosa
....
pink

vermelho
....
root

lilás
....
lila

azul
....
blau

verde
....
gröön

marrom
....
bruun

cinza
....
gries

preto
....
swart

muito / pouco

veel / wenig

furioso / tranquilo

böös / verdreeglich

lindo / feio

smuck / mies

começo / fim

de Begünn / dat Enn

grande / pequeno

gröot / lütt

claro / escuro

hell / düüster

irmão / irmã

de Broder / de Süster

limpo / sujo

schier / schietig

completo / incompleto

kumpleet / nich kumpleet

dia / noite

de Dag / de Nacht

morto / vivo

doot / lebennig

largo / estreito

breet / small

comestível / não comestível

geneetbor / nich geneetbor

mau / gentil

böös / fründlich

entusiasmado / entediado

fickerig / langwielt

gordo / magro

dick / dünn

primeiro / último

toeerst / toletzt

amigo / inimigo

de Fründ / de Fiend

cheio / vazio

vull / leddig

duro / macio

hart / week

pesado / leve

swoor / licht

fome / sede

de Smacht / de Döst

doente / saudável

krank / gesund

ilegal / legal

nich na't Recht / na't Recht

inteligente / idiota

klook / dummerhaftig

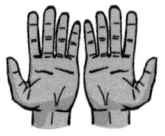

esquerda / direita

linkerhand / rechterhand

perto / longe

neeg / feern

novo / usado
....
nieg / bruukt

nada / alguma coisa
....
nix / wat

velho / jovem
....
oolt / jung

ligado / desligado
....
an / ut

aberto / fechado
....
apen / slaten

baixo / alto
....
lies / luut

rico / pobre
....
riek / arm

certo / errado
....
richtig / verkehrt

áspero / liso
....
ruug / glatt

triste / feliz
....
trurig / glücklich

curto / longo
....
kort / lang

lento / rápido
....
suutje / flink

molhado / seco
....
natt / dröög

ameno / fresco
....
warm / köhl

guerra / paz
....
de Krieg / de Freden

0

zero

null

1

um

een

2

dois

twee

3

três

dree

4

quatro

veer

5

cinco

fief

6

seis

söss

7

sete

söven

8

oito

acht

9

nove

negen

10

dez

teihn

11

onze

ölven

12

doze
twölf

13

treze
dörteihn

14

quatorze
veerteihn

15

quinze
föffteihn

16

dezesseis
sössteihn

17

dezessete
söventeihn

18

dezoito
achtteihn

19

dezenove
negenteihn

20

vinte
twintig

100

cem
hunnert

1.000

mil
dusend

1.000.000

milhão
million

inglês

dat Engelsch

inglês americano

dat Amerikaansch Engelsch

chinês mandarim

dat Chineesch Mandarin

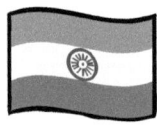

hindi

dat Hindi

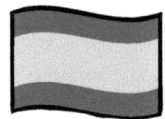

espanhol

dat Spaansch

francês

dat Franzöösch

árabe

dat Araabsch

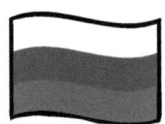

russo

dat Rusch

português

dat Portugiesch

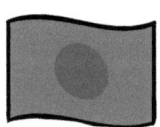

bengalês

dat Bengaalsch

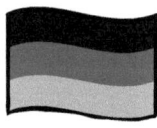

alemão

dat Düütsch

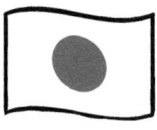

japonês

dat Japaansch

eu

ik

você

du

ele / ela

he / se / dat

nós

wi

vocês

ji

eles / elas

se

quem?

keen?

O quê?

wat?

como?

woans?

onde?

woneem?

Quando?

wannehr?

nome

de Naam

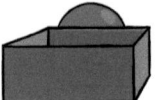

atrás

achter

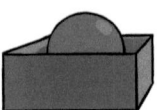

em

in

na frente de

vör

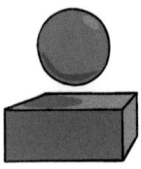

sobre

över

em cima

op

debaixo

ünner

do lado

blangen

entre

twüschen

lugar

de Oort